高等职业技术院校汽车类专业

钳工与焊工实训（第二版）习题册

中国劳动社会保障出版社

简　介

本习题册是高等职业技术院校汽车类专业教材《钳工与焊工实训（第二版）》的配套用书。本习题册内容紧扣教材的教学要求，题型全面，题量充足，有助于学生复习及巩固所学知识。

本习题册由郑新浪主编，张荣全副主编，王玉生、吴杰、蔡欣、陈涛、柳阳、杨海斌、贾大虎、许为柏、龚爱民、华茂青参编。

图书在版编目(CIP)数据

钳工与焊工实训（第二版）习题册/郑新浪主编．—北京：中国劳动社会保障出版社，2016

ISBN 978－7－5167－2483－5

Ⅰ.①钳…　Ⅱ.①郑…　Ⅲ.①汽车-钳工-高等职业教育-习题集②汽车-焊接工艺-高等职业教育-习题集　Ⅳ.①U472.4－44

中国版本图书馆 CIP 数据核字(2016)第 071235 号

中国劳动社会保障出版社出版发行

（北京市惠新东街 1 号　邮政编码：100029）

*****

北京昌联印刷有限公司印刷装订　　新华书店经销

787 毫米×1092 毫米　16 开本　3.5 印张　80 千字

2016 年 4 月第 1 版　　2025 年 9 月第 9 次印刷

定价：7.00 元

营销中心电话：400-606-6496

出版社网址：https://www.class.com.cn

https://jg.class.com.cn

目　录

课题一　平面划线

一、填空题

1. 划线是根据图样和技术要求，在______________或_____________上用划线工具划出______，或划出作为基准的______、______的操作过程。

2. 划线是机械加工中的重要工序之一，广泛应用于______或______。

3. 划线有__________和__________两种。

4. 划线除要求线条清晰、均匀外，更重要的是______、________尺寸准确。

5. 划线平台由铸铁毛坯经______或______制成。

6. 划规是用来划圆和________、________、等分角度和量取尺寸的工具。

7. 游标高度尺是比较__________的量具及__________工具。

8. 万能角度尺除测量角度、锥度之外，还可以作为____________划角度线。

9. 划线时，支撑、夹持工件的常用工具有垫铁、________、______、______和角铁等。

10. 直角尺在钳工制作中应用广泛，它可作为_____________、____________的导向工具，还可用来找正工件在划线平板上的________________，并可检验工件两平面的垂直度或单个平面的平面度。

二、选择题

1. 应从（　　）开始划线。

   A. 工件中间　　B. 工件边缘　　C. 划线基准

2. 立体划线需要（　　）个划线基准。

   A. 一　　B. 两　　C. 三

3. 划规两脚的长度要磨得（　　），才能保证合拢时划规脚尖靠近。

   A. 完全相等　　B. 稍有不等　　C. 相差较大

4. 划线基准的类型有（　　）种。

   A. 一　　B. 两　　C. 三

5. 经过划线确定的加工尺寸，在加工过程中可通过（　　）来保证尺寸精度。

   A. 测量　　B. 找正　　C. 借料

6. 划线是机械加工中的重要工序之一，广泛应用于（　　）生产。

   A. 大批量　　B. 大批量或单件　　C. 单件或小批量

7. 平面划线基准有（　　）个。

   A. 一　　B. 两　　C. 三

8. 只需要在工件一个表面上划线后即能明确表示加工界线的，称为（　　）。

   A. 平面划线　　B. 立体划线　　C. 划线

9. 由于划线的线条有一定的宽度，一般要求划线精度达到（　　）mm。

A. 0.2 ~ 0.3　　　　B. 0.25 ~ 0.5　　　　C. 0.1 ~ 0.2

10. 在已加工表面上划线时常使用 $\phi3 \sim \phi5$ mm 的弹簧钢丝或高速钢制成的划针，将划针尖部磨成（　　），并经淬火处理以提高其硬度和耐磨性。

A. 5° ~ 10°　　　　B. 10° ~ 20°　　　　C. 15° ~ 20°

三、判断题

1. 划线广泛应用于成批或大批量生产。（　　）
2. 划线精度一般要求达到 0.25 ~ 0.5 mm。（　　）
3. 为使划线清晰，划线前应在铸件毛坯上涂一层蓝油，在已加工表面上涂一层石灰水。（　　）
4. 划线基准应与设计基准一致。（　　）
5. 划线应从划线基准开始。（　　）
6. 只需要在工件一个表面上划线后即能明确表示加工界线的，称为立体划线。（　　）
7. 划针是直接在毛坯或工件上划线的工具。（　　）
8. 划线平台（又称划线平板）是由硬质合金毛坯经精刨或刮削制成的。（　　）
9. 万能角度尺除可测量角度、锥度外，还可以作为划线工具划角度线。（　　）
10. 在薄板材上选择划线基准时，不需要考虑节约用料。（　　）

四、名词解释

1. 划线

2. 平面划线

3. 立体划线

4. 划线基准

5. 游标高度尺

五、简答题

1．确定划线基准的原则有哪些？

2．划线基准的类型有哪几种？

3．划线过程中有哪些安全注意事项？

课题二　錾削端面

一、填空题

1. 錾削的工艺范围主要是去除毛坯上的凸缘、______、______、________，以及分割材料、__________和__________等。

2. 台虎钳是用来夹持工件的__________夹具，其规格用钳口宽度来表示，常用规格有______、______和______等。

3. 砂轮机由电动机、______、________和防护罩等部分组成。

4. 錾子一般用碳素工具钢 T7A 或 T8A 制成，由________、________和________组成。

5. 选择錾子楔角时，在满足__________的前提下应尽量选__________的楔角，一般在____________。

6. 錾削时，若后角过大，易使切削深度__________，切削困难；后角过小，易造成錾子______________。錾削时比较合理的后角一般为____________。

7. 錾削时，前角________，切削省力，切削变形______。

8. 錾子前面和__________的夹角称为前角。

9. 锤子又称______，由锤头、______和______组成，锤子规格有________、________和________等多种。

10. 錾子切削部分磨成楔形，经热处理使其硬度达到______________。

二、选择题

1. 錾削平面时应选用（　　）錾。

   A. 扁　　　　B. 油槽　　　　C. 尖

2. 正确握錾的方法应该是用左手（　　）握住，小指自然合拢。

   A. 食指和拇指　　　　B. 中指和食指　　　　C. 中指和无名指

3. 錾削时，选用（　　）的后角比较适宜。

   A. 3°～4°　　　　B. 5°～8°　　　　C. 10°～15°

4. 錾削平面时应从工件（　　）着手起錾。

   A. 中间　　　　B. 边缘　　　　C. 边缘尖角

5. 操作者必须保持正确的站立位置，身体与台虎钳中心大致成（　　）角。

   A. 35°　　　　B. 45°　　　　C. 55°

6. 台虎钳是用来夹持工件的通用夹具，其规格用钳口（　　）来表示。

   A. 宽度　　　　B. 长度　　　　C. 高度

7. 砂轮机的结构有（　　）种类型。

   A. 1　　　　B. 2　　　　C. 3

8．錾削时，后角一般选（　　）比较适宜。

A．2°～5°　　　B．5°～7°　　　C．5°～8°

9．锤子一般采用右手的五个手指满握的方法，拇指轻轻压在食指上，虎口对准锤头方向，不要歪向一侧，木柄端露出（　　）mm。

A．15～30　　　B．10～20　　　C．20～30

10．为了充分发挥较大的敲击力量，操作者必须保持正确的站立位置，身体与台虎钳中心大致成（　　）角。

A．25°　　　B．35°　　　C．45°

三、判断题

1．为使錾削时省力，应选择较大的錾削前角。（　　）

2．前面和后面之间的夹角称为前角。（　　）

3．后面与切削平面的夹角称为后角。（　　）

4．尖錾主要用来錾削平面，去毛刺、凸缘和分割板材等。（　　）

5．氧化铝砂轮适用于刃磨高速钢刀具和硬质合金的刀柄部分。（　　）

6．台虎钳是用来夹持工件的通用夹具，其规格用钳口高度表示。（　　）

7．油槽錾主要用来錾削平面或曲面上的油槽。（　　）

8．前面和后面之间的夹角称为楔角。（　　）

9．錾子一般用工具钢 T7A 或 T8A 制成。（　　）

10．常用的砂轮有氧化铝和碳化硅两类。（　　）

四、简答题

1．錾子的几何角度有哪些？

2．简述錾削时的锤击要领。

课题三　锉 削 平 面

一、填空题

1．锉削的精度可达______mm，表面粗糙度值可达________。

2．锉刀由碳素工具钢 T12、T13 或________、________制成，经热处理淬硬，其切削部分的硬度可达________HRC 以上。

3．锉刀由________和________两部分组成。

4．锉纹是由锉齿有规则排列而成的，锉刀的齿纹有______纹和______纹两种。

5．锉刀规格分为__________________规格和__________________规格两种。方锉刀的尺寸规格以______尺寸表示；圆锉刀的尺寸规格用______表示；其他锉刀则以________表示。

6．锉刀齿纹粗细规格以锉刀每______mm 轴向长度内的主锉纹条数来表示。

7．锉削速度一般控制在______以内，推出时的速度______，回程时的速度______，且动作要协调自如。

8．平面的锉削方法有______锉、______锉、______锉三种。

9．单齿纹指锉刀上只有______个方向上的齿纹，锉削时全齿宽同时参加切削，切削力大，因此常用来锉削______材料。

10．锉刀舌是用来装______的，锉刀柄一般是木质的，在安装孔的一端应套有______。

二、选择题

1．双齿纹锉刀中，齿纹浅的称为（　　）齿纹。

A．底　　B．面　　C．锉

2．平锉刀的主要工作面指的是（　　）。

A．锉刀上下两面　　B．两侧面　　C．有锉齿的全部表面

3．平锉、方锉、半圆锉和三角锉属于（　　）锉刀。

A．异形　　B．什锦锉　　C．普通

4．单齿纹锉刀适用于（　　）材料的锉削。

A．硬　　B．软　　C．最硬

5．适用于最后锉光和锉削不大平面的锉削方法是（　　）。

A．交叉锉　　B．顺向锉　　C．推锉

6．圆锉刀的规格是用锉的（　　）尺寸表示的。

A．长度　　B．直径　　C．半径

7．以锉刀每（　　）mm 轴向长度内的主锉纹条数来表示锉齿的粗细规格。

A．10　　B．15　　C．20

8. 锉刀舌是用来装锉刀柄的，锉刀柄一般是（　　）的，在安装孔的一端应套有铁箍。

A. 铁质　　B. 木质　　C. 塑料

9. 锉削动作开始时，身体向前倾斜（　　）左右，右肘尽量向后收缩。

A. 10°　　B. 15°　　C. 20°

10. 锉削速度一般约（　　）次/min，推出时稍慢，回程时稍快，动作要自然协调。

A. 20　　B. 30　　C. 40

三、简答题

1. 简述游标卡尺的读数方法。

2. 使用刀口角尺时应该注意哪几点？

课题四 锯削棒料

一、填空题

1. 手锯由______和______组成。锯条的长度以__________________来表示。

2. 锯条锯齿的切削角度：前角______，后角______，楔角______。锯齿的粗细是以锯条每______长度内的齿数表示的。

3. 锯路的作用是____。

4. 锯削的速度一般控制在______以内。推进时______，压力适当，保持匀速；回程时不施加压力，速度______。

5. 起锯是锯削的开头，起锯的方法有______起锯和______起锯两种。一般情况下要采用______起锯，起锯角度______，并控制在______左右为宜。

6. 锯削时锯弓的运动方式有两种：一种是_____________，另一种是_____________，_____________方式适合初学者。

7. 锯削管子和薄板时，必须用____________锯条。

8. 锯条是用来直接锯削______或______的刃具。

9. 制造锯条时，将全部锯齿按一定规律_______错开，并排成一定的形状，称为锯路。

10. 锯条的安装应保证______向前，将锯条两端的______装于锯弓两端支柱上，通过翼形螺母调节紧固。

二、判断题

1. 锯削时，锯弓的运动可以取直线运动，也可以取小幅度上下摆动。 (　　)

2. 起锯有近起锯和远起锯两种，一般情况下采用近起锯比较适宜。 (　　)

3. 锯削推进时的速度应稍慢，并保持匀速；锯削回程时的速度应稍快，且不加压力。 (　　)

4. 工件将要锯断时锯力要减小，以防断落的工件砸伤脚部。 (　　)

5. 锯条的安装应保证齿尖向后，将锯条两端的安装孔装于锯弓两端支柱上，通过翼形螺母调节紧固。 (　　)

6. 锯齿粗细以锯条每 35 mm 长度内的锯齿数来表示。 (　　)

7. 手锯常用的锯条长度为 100 mm。 (　　)

8. 锯弓的作用是装夹并张紧锯条，且便于双手操作。 (　　)

9. 锯条一般由碳素工具钢冷轧制成，经热处理淬硬后才能使用。 (　　)

10. 锯削的速度一般控制在 20 ~ 40 次/min 以内。 (　　)

三、简答题

1．什么叫锯路？锯路的作用是什么？

2．什么叫起锯？起锯的方法有哪两种？常用的是哪一种？

3．锯削安全注意事项有哪些？

4．锯齿崩裂的原因有哪些？

5．锯条折断的原因有哪些？

课题五　四方体零件的锉削

一、填空题

1. 要想锉出平直的表面，必须使锉刀保持____________的锉削运动。

2. 锉削四方体零件各表面时，先锉______平面，后锉______平面。以______控制小面，能使测量准确，修整方便。

3. 千分尺可______或________握持对工件进行测量。

4. 测量前应检查千分尺______的准确性。

5. 测量时，千分尺的______面和零件的______表面应擦拭______，以保证测量准确。

二、选择题

1. 2′万能角度尺尺身刻线每格为（　　）。

A. 1°　　B. 2°　　C. 3°

2. 千分尺螺杆螺距为（　　）mm。

A. 0.05　　B. 0.1　　C. 0.5

3. 当千分尺活动套管转一格时，螺杆就移动（　　）mm。

A. 0.01　　B. 0.05　　C. 0.5

4. 千分尺活动套管圆锥面上共刻有（　　）格。

A. 40　　B. 50　　C. 60

5. （　　）误差是指被测表面的对称平面与基准表面的对称平面间的最大偏移距离 Δ。

A. 对称度　　B. 尺寸　　C. 测量

6. 千分尺用后应擦净，并将测量面（　　）防锈，应定期送计量部门进行精度鉴定。

A. 涂水　　B. 涂油　　C. 不涂油

7. 千分尺（又称分厘卡）以螺杆作为运动零件进行（　　）测量。

A. 长度　　B. 宽度　　C. 高度

8. 千分尺螺杆螺距为（　　）mm，当活动套管转一周时，螺杆就推进 0.5 mm。

A. 0.1　　B. 0.3　　C. 0.5

三、判断题

1. 千分尺的测量面应保持干净，使用前应校对零位。（　　）

2. 不能用千分尺测量毛坯或转动的工件。（　　）

3. 千分尺可单手进行测量，不可双手握持对工件进行测量。（ ）

4. 千分尺用后无须对测量面涂油防锈，应直接送计量部门。（ ）

5. 对称度误差是指被测表面的对称平面与基准表面的平面间的偏移距离 Δ。（ ）

6. 测量时，千分尺的测量面和零件的被测表面应擦拭干净，以保证测量准确。（ ）

四、简答题

1. 简述 2′万能角度尺的刻线原理。

2. 简述千分尺的刻度原理。

课题六　简单立体划线

一、填空题

1．划线基准和设计基准应____________，即基准要____________。

2．立体划线除了平面划线的一般常用工具外，还有____________和____________两种。

3．方箱采用__________制成，表面经______或________加工，相邻表面互相________，并制有________。

4．V 形架用于安放______工件、划出________、找出__________等。

5．立体划线是指同时在工件________方向的表面上________，才能明确工件加工界线。

6．立体划线时，以______高且加工余量______的形面作为划线基准。

二、选择题

1．一次装夹在方箱上的工件，通过方箱翻转，可划出（　　）个方向上的尺寸线。

A．两　　　　B．三　　　　C．四

2．在圆柱形工件上找出中心，应用（　　）进行支撑。

A．方箱　　　　B．V 形架　　　　C．千斤顶

3．立体划线时，以精度（　　）且加工余量少的形面作为划线基准。

A．高　　　　B．中　　　　C．低

三、简答题

1．划线基准的选择原则是什么？

2．立体划线有哪些注意事项？

课题七　钻孔加工

一、填空题

1. 用钻头在__________上加工出孔的操作称为__________加工。钻孔只能加工要求________的孔或作为孔的________加工。

2. 麻花钻由______、______及________组成，一般用________制成，淬硬后硬度为________。

3. 柄部是______部分，用以______和______，有______柄和______柄两种。一般直径小于 13 mm 的钻头做成______柄，直径大于 13 mm 的做成______柄。

4. 颈部是________钻头时供砂轮__________用的。一般钻头的__________、__________和________刻在颈部。

5. 工作部分由________部分和________部分组成。

6. 在麻花钻外缘处，前角________，后角________；越靠近钻心处，前角会______，后角会__________。

7. 切削部分由两条______刃、一条______刃、两条______刃、两个______面、两个________面和两个________面组成。

8. 刃磨麻花钻时需要选择一个安装有粒度为______或______的______砂轮的砂轮机。

9. 刃磨麻花钻时，右手握住钻头的______部，左手握住钻头的______部。

10. 标准麻花钻刃磨后必须达到以下两点：一是__________________相等且对称，二是横刃斜角为________。

11. 台式钻床简称台钻，主要由______、______、______、______和______等部分组成。

12. 钻削用量包括__________、__________和__________。

二、选择题

1. 钻头直径大于 13 mm 时，夹持部分一般做成（　　）。

   A. 柄柄　　B. 莫氏锥柄　　C. 柱柄或锥柄

2. 麻花钻顶角越小，轴向力越小，而刀尖角增大，有利于（　　）。

   A. 切削液的进入　　B. 散热和提高钻头的寿命

   C. 排屑

3. 麻花钻后角磨得偏大时，横刃斜角减小，横刃长度（　　）。

   A. 增大　　B. 减小　　C. 不变

4. 一般直径小于 13 mm 的钻头夹持部分做成（　　）。

   A. 柱柄　　B. 莫氏锥柄　　C. 柱柄或锥柄

5．台钻常用于加工小型工件上直径小于（　　）mm 的小孔。

A．14　　B．12　　C．10

6．台式钻床的转速有（　　）级。

A．5　　B．7　　C．9

7．切削深度是指已加工表面与待加工表面之间的（　　）距离。

A．平行　　B．垂直　　C．相交

8．钻孔直径大于（　　）mm 时，必须将平口钳用螺栓、压板固定。

A．4　　B．6　　C．8

9．三相电压的手电钻规格有（　　）三种。

A．12 mm、19 mm、21 mm

B．13 mm、19 mm、23 mm

C．13 mm、20 mm、23 mm

三、判断题

1．切削平面是由一点的切削速度方向与该点切削刃的切线所构成的平面。（　　）

2．切削刃上任一点的基面是通过该点，而又与该点切削速度方向平行的平面。（　　）

3．主截面是通过主切削刃上任一点并垂直于切削平面和基面的平面。（　　）

4．钻头套主要用来装夹锥柄钻头。（　　）

5．切削深度的选择：直径小于 30 mm 的孔一次钻出；直径为 30 mm 以上的孔可分两次钻削。（　　）

6．当孔的精度要求较高、表面粗糙度值要求较大时，应取较小的进给量。（　　）

7．当钻深孔时，钻头较长，刚度和强度较差时，应取较大的进给量。（　　）

8．台钻有五级转速。（　　）

9．3 号钻头套的内锥孔为 4 号莫氏锥度，外圆锥为 5 号莫氏锥度。（　　）

10．钻头套主要用来装夹直柄钻头，共有五个号。（　　）

四、名词解释

1．钻孔

2．顶角 2ψ

3. 横刃斜角ψ

五、简答题

1. 如何调整台钻的转速？

2. 怎样选择进给量？

3. 如何选择钻削速度？

4. 手电钻的规格有哪些？

六、计算题

1．在钻床上钻 ϕ10 mm 的孔，选择转速 n 为 500 r/min，求钻削时的切削速度。

2．在钻床上钻 ϕ20 mm 的孔，根据切削条件确定切削速度为 20 m/min，求钻削时应选择的转速。

课题八　扩孔与锪孔加工

一、填空题

1. 扩孔的特点是切削深度较钻孔时大大______，切削阻力______，______易排出。

2. 扩孔钻刀齿______，导向性________，切削__________。

3. 扩孔的加工质量较高，尺寸精度达到__________，表面粗糙度 *Ra* 为________μm。

4. 扩孔的进给量为钻孔的________倍，切削速度为钻孔的________。

5. 由于扩孔条件大大改善，所以扩孔钻的____________与____________钻相比较有了__________区别。

6. 因扩孔产生的__________小，不需________容屑槽，从而扩孔钻可以__________钻心，提高__________，使切削__________。

7. 由于切屑槽较________，扩孔钻可做出________刃齿，________导向作用。

8. 锪孔的目的是保证孔________与孔________的________度，以使与孔连接的零件________、连接________。

9. 精锪时，可以利用钻床停车后主轴的________来锪孔，以_________而获得光滑表面。

10. 将麻花钻刃磨成扩孔钻：在标准麻花钻的基础之上刃磨________减小______、刃磨________前面减小外缘处的______角。

二、选择题

1. 扩孔的进给量为钻孔的（　　）倍。

   A. 1～1.5　　B. 1.5～2　　C. 2～2.5

2. 扩孔的切削速度为钻孔的（　　）。

   A. 1/2　　B. 1/3　　C. 1/4

3. 扩孔钻因切削深度较小，切削角度可取较大值，使切削（　　）。

   A. 增力　　B. 省力　　C. 增力或省力

4. 一般整体式扩孔钻有（　　）个齿。

   A. 6～7　　B. 7～8　　C. 3～4

5. 锪孔时，进给量为钻孔的（　　）倍。

   A. 1～2　　B. 2～3　　C. 3～4

6. 锪孔时，切削速度为钻孔的（　　）。

   A. 1/3～1/2　　B. 1/4～1/3　　C. 1/5～1/4

7. 扩孔钻刀齿多，导向性（　　），切削稳定。

   A. 好　　B. 差　　C. 一般

8．锪孔是用锪钻对孔口表面加工出一定（　　）的方法。

A．位置　　　　B．间隙　　　　C．形状

9．锪孔的目的是保证孔端面与孔中心线的（　　）度。

A．平行　　　　B．垂直或平行　　　　C．垂直

三、判断题

1．扩孔钻刀齿多，导向性好，切削稳定。（　　）

2．扩孔钻因中心参与切削，有横刃，切削刃只做成靠边缘的一段。（　　）

3．用麻花钻改制锪钻，尽量选用较长的钻头来改磨锥形锪钻，顶角为118°，并修磨前面，减小前角，以防止扎刀和振动。（　　）

4．扩孔的特点是切削深度较钻孔时大大减小，切削阻力小，切屑易排出。（　　）

5．扩孔的特点是避免了横刃切削所引起的不良影响。（　　）

6．锪孔是用扩孔钻（或钻头）对工件上已有孔进行扩大加工的操作。（　　）

7．扩孔是用锪钻对孔口表面加工出一定形状的方法。（　　）

8．锪孔的目的是使与孔连接的零件位置正确、连接可靠。（　　）

9．精锪时，可以利用钻床停车后主轴的惯性来锪孔，以加大振动而获得光滑表面。（　　）

四、名词解释

1．扩孔

2．切削深度

3．锪孔

五、简答题

1．扩孔的特点是什么？

2．扩孔钻的结构特点是什么？

3．锪孔的目的是什么？

4．锪孔的注意事项有哪些？

课题九　铰孔加工

一、填空题

1. 铰刀的______数量多，______小，故______力小，______好，______精度高。

2. 铰削可以提高__________精度和降低________。

3. 铰刀由____________、____________和__________组成，其中工作部分由__________和__________组成。

4. 整体圆柱铰刀有__________铰刀和__________铰刀。

5. 手用铰刀的齿距在圆周上是不均匀分布的，这样可防止____________重叠、产生__________。

6. 机用铰刀的校准部分较短，有________，倒锥量________，为了减小摩擦和防止________扩大，其导向性主要由________保证。

7. 机用铰刀齿距在圆周上是均匀分布的，因机用铰刀是____________切削，不存在__________重叠现象。

8. 可调节手铰刀的铰刀直径可以在________调节，常用来铰削________孔。

9. 铰有键槽的孔时，应采用_________手铰刀，否则刀刃会与_________干涉，而使_________无法进行。

10. 铰削用量包括________、________和________。

11. 确定机铰的切削速度时，为了得到较小的__________值，必须避免产生______，减少________及______，因而应采取较小的______速度。

12. 铰削时必须选用适当的______来减少______并降低______和________的温度。

二、选择题

1. 铰削的加工精度一般可达（　　）级。

A. IT7 ~ IT6　　　B. IT8 ~ IT7　　　C. IT9 ~ IT7

2. 铰削后的表面粗糙度 *Ra* 达（　　）μm。

A. 0.8　　　B. 1.6　　　C. 3.2

3. 铰尺寸较小的圆锥孔，可先按（　　）直径并留取圆柱孔精铰余量钻出圆柱孔，然后用锥铰刀铰削即可。

A. 小端　　　B. 中端　　　C. 大端

4. 手用铰刀的切削部分（　　），这样定心作用好，铰削时轴向力较小。

A. 较长　　　B. 较短　　　C. 较长或较短

5. 手用铰刀的校准部分较长，有倒锥，倒锥量较小，这样可避免铰刀的后面摩擦孔壁，导向性（　　）。

A. 差　　B. 好　　C. 一般

6. 手用铰刀的齿距在圆周上是（　　）分布的，这样可防止刀痕重叠、产生振痕。

A. 不均匀　　B. 均匀　　C. 不均匀或均匀

7. 加工锥孔的铰削过程中要经常用相配的锥销来检查铰孔尺寸，以手推进，头部露出（　　）mm。

A. 3 ~ 5　　B. 5 ~ 8　　C. 7 ~ 10

8. 进给量要（　　），过大铰刀易磨损，也影响加工质量。

A. 适当　　B. 较大　　C. 较小

9. 铰刀切削部分主要起（　　）作用。

A. 导向　　B. 切削　　C. 修光

10. 铰刀校准部分有（　　），主要起导向、修光、保证孔径等作用。

A. 棱形　　B. 棱角　　C. 棱边

三、判断题

1. 铰刀的切削部分主要起校准作用。（　　）

2. 手用铰刀的切削部分较长，这样定心作用好，铰削时轴向力较小。（　　）

3. 手用铰刀的校准部分较短，有倒锥，倒锥量较小，这样可避免铰刀的后面摩擦孔壁，导向性好。（　　）

4. 机用铰刀的切削部分较短。（　　）

5. 可调节手铰刀的铰刀直径不可以调节，常用来铰削标准孔。（　　）

6. 铰尺寸较小的圆锥孔，可先按大端直径并留取圆柱孔精铰余量钻出圆柱孔，然后用锥铰刀铰削即可。（　　）

7. 加工锥孔尺寸和深度较大的锥孔，为减小铰削余量，铰孔前可先钻通孔，然后再用铰刀铰削。（　　）

8. 螺旋槽手铰刀可以控制切屑流出的方向。（　　）

9. 机铰钢件及铸件时，$f = 0.5 \sim 1$ mm/r；机铰铜、铝件时，$f = 1 \sim 1.2$ mm/r。（　　）

10. 用高速钢铰刀铰钢件时，$v = 4 \sim 8$ m/min；铰铸铁件时，$v = 6 \sim 8$ m/min；铰铜件时，$v = 8 \sim 12$ m/min。（　　）

四、简答题

1. 铰削的特点是什么?

2. 如何加工锥孔？

3. 为什么铰削余量不宜太大或太小？

4. 铰削操作方法有哪些？

课题十　螺纹加工

一、填空题

1．攻螺纹所用工具有＿＿＿＿＿和＿＿＿＿＿。

2．丝锥分为＿＿＿＿＿＿和＿＿＿＿＿。

3．丝锥由＿＿＿＿＿和＿＿＿＿组成，丝锥的工作部分由＿＿＿＿部分和＿＿＿＿＿部分组成。

4．铰杠分为＿＿＿＿铰杠和＿＿＿＿铰杠两类，每类铰杠又有＿＿＿＿式和＿＿＿＿式两种。

5．套螺纹的工具有＿＿＿＿和＿＿＿＿。圆板牙是加工＿＿＿＿的工具，有＿＿＿＿、＿＿＿＿两种结构。

6．攻螺纹时，丝锥对金属材料有较强的＿＿＿，使攻出螺纹的小径＿＿＿底孔直径，因此攻螺纹之前的＿＿＿＿应稍大于＿＿＿＿。

7．机用丝锥一般用于＿＿＿＿攻螺纹，＿＿＿＿攻制成形。

8．丝锥的校准部分有＿＿＿＿＿的牙型，用来＿＿＿和＿＿＿＿已切出的螺纹，并＿＿＿＿丝锥沿轴向前进。

9．丁字铰杠用于攻工件＿＿＿旁的螺孔或＿＿＿＿＿＿的螺孔。

二、选择题

1．攻螺纹时，为了减小切削力和延长丝锥的使用寿命，一般将整个切削工作量分配给（　　）丝锥承担。

A．一支　　B．两支　　C．几支

2．通常 M6 ~ M24 的丝锥每组（　　）支。

A．一　　B．两　　C．三

3．通常 M6 以下及 M24 以上的丝锥每组有（　　）支，依次使用。

A．一　　B．两　　C．三

4．铰杠是（　　）攻螺纹时用来夹持丝锥的工具。

A．机　　B．手　　C．机或手

5．圆板牙一般用于切削螺纹直径小于（　　）mm、螺距小于 2 mm 的三角螺纹。

A．12　　B．14　　C．16

6．机用丝锥的结构与手用丝锥相似，只是在柄部多（　　）条环形槽。

A．一　　B．两　　C．三

7．通常 M6 ~ M24 的丝锥每组（　　）支。

A．一　　B．两　　C．三

8．M6 以下及 M24 以上的丝锥每组有（　　）支。

A．一　　B．两　　C．三

9．铰杠分为（　　）铰杠和（　　）铰杠两类，每类铰杠又有固定式和活动式两种。

A．普通　工字　　B．普通　丁字　　C．普通　十字

10．普通铰杠用于攻一般普通工件的（　　）螺纹。

A．内　　B．外　　C．内或外

三、判断题

1．机用丝锥一般用于车床的攻螺纹，二次攻制成形。它的结构与手用丝锥相似，只是在柄部多一条环形槽。（　　）

2．丝锥的柄部是攻螺纹时被夹持的部分，起传递转矩的作用。（　　）

3．丝锥的切削部分起切削作用，校准部分有完整的牙型，用来修光和校准已切出的螺纹，并引导丝锥沿轴向前进。（　　）

4．细牙丝锥为三支一组。（　　）

5．普通铰杠攻工件凸台旁的螺孔或机体内部的螺孔，丁字铰杠攻一般普通工件内螺纹。（　　）

6．板牙架是用来夹持丝锥的工具。（　　）

7．攻螺纹时，为了减小切削力和延长丝锥的使用寿命，一般将整个切削工作量分配给两支丝锥承担。（　　）

8．铰杠是手套螺纹时用来夹持丝锥的工具。（　　）

9．攻螺纹是用丝锥在工件上加工内螺纹的方法。（　　）

10．攻盲孔螺纹时，由于丝锥切削部分不能攻出完整的螺纹牙型，所以钻孔深度要小于螺纹的有效长度。（　　）

四、名词解释

1．攻螺纹

2．套螺纹

五、简答题

1．螺纹底孔直径应根据什么来确定？

2．套螺纹前圆杆直径应根据什么来确定？

3．套螺纹的方法有哪些？

六、计算题

1．用计算法求螺纹底孔直径（精确到小数点后一位）。

（1）在钢件上攻螺纹：M16，M12 ×1。

（2）在铸铁件上攻螺纹：M16，M12 ×1。

2．求在钢件上套螺纹（M20）前的圆杆直径（精确到小数点后一位）。

3．在钢件上加工 M20 的不通孔螺纹，螺纹有效深度为 60 mm，求钻底孔的深度。

课题十一　矫　　正

一、填空题

1. 矫正可在________上进行，也可________进行。按矫正时被矫正工件的温度分类，可分为________和________两种。

2. 按矫正时产生矫正力的方法不同，矫正可分为__________矫正、__________矫正、________矫正及________矫正等。

3. 钳工常用的手工矫正，是指将______或______放在______、______或______上，采用______、______、______或______等方法进行的矫正。

4. 扭转法一般是将________夹持在________上，用________把条料向变形的__________扭转到原来的__________。

5. 直径较小的________和________，可用________法，用台虎钳在靠近弯曲处夹持，用________矫正。

6. ______法是将________一头固定，然后在________让线材绕圆木一周，紧握圆木向后拉，使线材在________作用下绕过圆木得到________矫直。

7. 延展法是用________材料________部位，使其________，达到________的目的。

8. 热矫正法是对弯曲处进行__________，达到一定的________，然后用手锤对________处进行________来达到矫正的目的。

9. 平板、铁砧及台虎钳都可以作为矫正________和________的底座。

二、选择题

1. 平板、铁砧及台虎钳都可以作为矫正板材和型材的（　　）。
   A. 底面　　B. 底座　　C. 座面

2. 螺旋压力工具（或压板）适用于矫正较大的（　　）。
   A. 轴类工件　　B. 棒料　　C. 轴类工件或棒料

3. （　　）用来矫正条状材料的扭曲变形。
   A. 扭转法　　B. 弯形法　　C. 伸张法

4. （　　）用来矫正各种弯曲的棒料或在宽度方向上变形的条料。
   A. 扭转法　　B. 弯形法　　C. 伸张法

5. （　　）多用于矫正各种细长线材。
   A. 扭转法　　B. 弯形法　　C. 伸张法

6. （　　）多用于薄板料的矫正。
   A. 扭转法　　B. 延展法　　C. 伸张法

7. 抽条是采用条状（　　）弯成的简易手工工具。

A. 厚板料　　B. 薄板料　　C. 薄板料或厚板料

8. 直径较大的棒料和较厚的条料，用（　　）矫正。

A. 抽条　　B. 拍板　　C. 压力机械

9. 用变形法矫正工件时，为了消除弹性变形所产生的回翘，可适当压过一些，然后解除压力，用（　　）检查矫正情况。

A. 百分表　　B. 游标卡尺　　C. 千分尺

10. 热矫正法是对弯曲处进行加温预热，达到（　　）的温度，以后用手锤对弯曲处进行敲击来达到矫正的目的。

A. 较低　　B. 较高　　C. 一定

三、判断题

1. 矫正一般材料常用手锤；矫正已加工表面、薄钢件或有色金属制件时，应采用铁锤。（　　）

2. 抽条是采用条状薄板料弯成的简易手工工具。它用于抽打较小面积的板料。（　　）

3. 拍板是用质地较硬的檀木制成的专用工具。它主要用于敲打板料。（　　）

4. 弯形法用来矫正条状材料的扭曲变形。（　　）

5. 扭转法用来矫正各种弯曲的棒料或在宽度方向上变形的条料。（　　）

6. 伸张法多用于矫正各种细长线材。（　　）

7. 热矫正法、延展法多用于薄板料的矫正。（　　）

8. 直径较大的棒料和较厚的条料用压力机械矫正。（　　）

9. 消除材料或工件的弯曲、扭曲、凸凹不平的操作叫作矫正。（　　）

10. 矫正可在机器上进行，不可用手工进行。（　　）

四、简答题

1. 什么叫矫正？

2. 手工矫正的工具有哪些？

3．如何矫正直径较大的棒料和较厚的条料？

4．钢板条料矫正后的质量如何检验？

5．矫正的注意事项有哪些？

课题十二　弯　　形

一、填空题

1. 弯形是______变形，但也有______变形，为抵消材料的______变形，变形过程中应________一些。

2. 当材料厚度不变时，弯形____________，变形__________，中性层位置越接近材料厚度的__________。

3. 如果材料弯形半径不变，材料________，变形________，__________就越接近材料厚度的__________。

4. 弯形方法有__________和__________两种。

5. 板料在__________上的弯形是利用__________具有__________，在弯形的________部分进行________，使材料朝一个方向__________。

6. 为了防止管子被__________，可在管内填充________、________或采用带__________的弯管设备。

7. 小直径的无缝管可以__________，较大直径的管需__________，有焊缝的管子，焊缝必须放在__________的位置上。

8. 钢板弯形后外层材料________，内层材料________，而中间有一层材料弯形后长度______。

二、选择题

1. 钢板弯形后外层材料（　　）。

A. 伸长　　B. 不变　　C. 缩短

2. 钢板弯形后内层材料（　　）。

A. 伸长　　B. 不变　　C. 缩短

3. 钢板弯形后中间有一层材料弯形后长度（　　）。

A. 伸长　　B. 不变　　C. 缩短

4. 内面弯形成不带圆弧的直角制件时，其坯料长度的计算可按弯形前后坯料的体积（　　）不变，采用经验公式求出。

A. 不变　　B. 变大　　C. 变小

5. 当弯形厚度大于（　　）mm 及直径较大的棒料和管料工件时，常需热弯。

A. 3　　B. 5　　C. 7

6. 较窄的板料可在 V 形架或特制的弯形模上用（　　）弯形。

A. 扭转法　　B. 锤击法　　C. 伸张法

7. 管材的弯曲半径要大于管子的（　　）倍。

A. 2　　　B. 4　　　C. 6

8. 工件弯形后，只有（　　）长度不变。

A. 内性层　　　B. 外性层　　　C. 中性层

9. 中性层的实际位置与材料的弯形（　　）和材料（　　）有关。

A. 半径　厚度　　　B. 半径　薄度　　　C. 直径　厚度

10. 当材料厚度不变时，弯形（　　）越大，变形越小，中性层位置越接近材料厚度的几何中心。

A. 直径　　　B. 半径　　　C. 外径

三、判断题

1. 弯形使材料产生塑性变形，因此只有塑性好的材料才能进行弯形。（　　）

2. 工件弯形后，只有中性层长度不变，因此计算弯形工件毛坯长度时，可以按中性层的长度计算。（　　）

3. 材料弯形后，中性层一般不在材料正中，而是偏向外层材料一边。（　　）

4. 中性层的实际位置与材料的弯形直径和材料厚度有关。（　　）

5. 在不同弯形形状的情况下，中性层的位置是不同的。（　　）

6. 内边带圆弧制件的毛坯长度等于直线部分和圆弧中性层长度之和。（　　）

7. 在常温下进行的弯形叫热弯。（　　）

8. 大工件可在台虎钳上进行弯形，先在弯形的地方划好线，然后用木锤锤击。（　　）

9. 将坯料弯成所需形状的加工方法，称为弯形。（　　）

10. 弯形是塑性变形，但也有弹性变形，为抵消材料的塑性变形，变形过程中应过弯一些。（　　）

四、名词解释

1. 弯形

2. 中性层

3. 冷弯

4. 热弯

五、简答题

1．如何手工绕制弹簧？

2．手工常用弯形工具有哪些？

3．弯形的安全注意事项有哪些？

六、计算题

1．计算下图所示工件的展开长度。

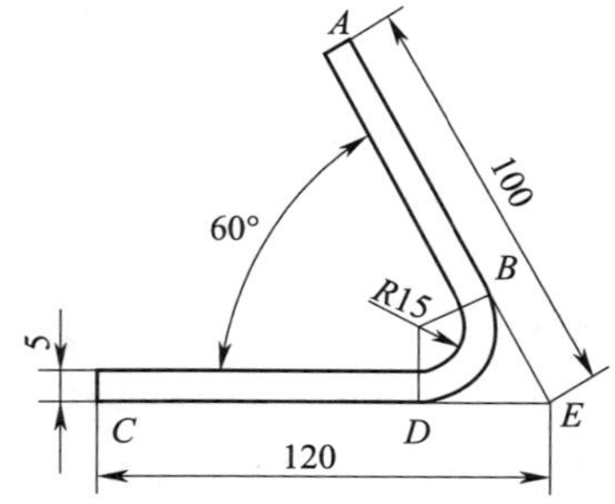

2．计算下图所示工件的展开长度。

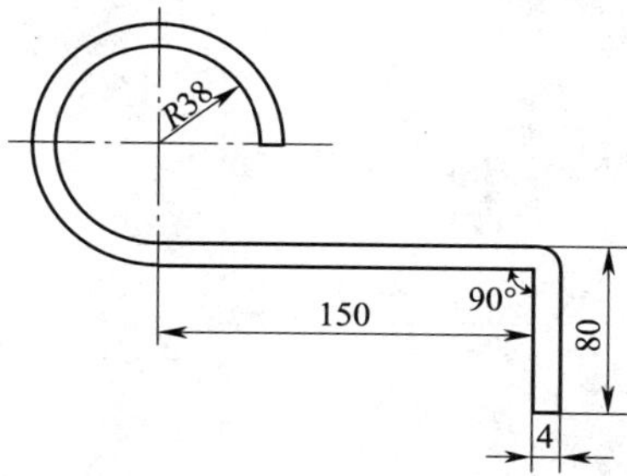

课题十三　气　　割

一、填空题

1. 氧气瓶外表面涂________漆，并用______漆写上“氧”字。

2. 乙炔瓶外表面涂________漆，并用________漆写上“乙炔”“不可近火”字样。

3. 减压阀的作用是____________和____________。

4. 根据相关国家标准的规定，氧气胶管应为____色，其外径为 18 mm，内径为____mm，工作压力为____MPa。

5. 根据相关国家标准的规定，乙炔胶管应为____色，其外径为 16 mm，内径为____mm，工作压力为____MPa。

6. 氧—乙炔焰按氧气和乙炔混合的比值不同，可得到性质不同的三种火焰：__________、__________和__________。

二、选择题

1. 氧气在气焊气割中是一种（　　）气体。

A. 可燃　　B. 易燃　　C. 杂质　　D. 助燃

2. 氧气瓶涂成（　　）色。

A. 灰　　B. 白　　C. 蓝　　D. 黑

3. 氧气与乙炔的混合比值为 1 ~1. 2 时，其火焰为（　　）。

A. 碳化焰　　B. 中性焰　　C. 氧化焰　　D. 混合焰

4. 气割时切割速度过快则会造成（　　）。

A. 割缝边缘熔化　　B. 后拖量较小

C. 后拖量较大　　D. 无影响

5. 气割操作中，氧气瓶距离乙炔瓶、明火和热源应大于（　　）m。

A. 3　　B. 5　　C. 8　　D. 10

6. 氧气瓶和乙炔瓶内气体不能全部用尽，应留有余压（　　）MPa。

A. 0. 05 ~0. 1　　B. 0. 1 ~0. 3　　C. 0. 3 ~0. 5　　D. 0. 5 ~1

7. 使用乙炔气瓶时，瓶阀开启不要超过（　　）圈。

A. 0. 5　　B. 1. 5　　C. 2　　D. 2. 5

8. 瓶阀冻结时可用（　　）℃热水解冻，严禁火烤。

A. 100　　B. 80　　C. 40　　D. 20

三、判断题

1. 氧的化合能力随着压力的加大和温度的升高而增强。（　　）

2. 高压氧与油脂易燃物质接触就会发生剧烈的氧化反应而迅速燃烧，甚至爆炸。 ( )

3. 乙炔是一种碳氢化合物，比空气重。 ( )

4. 减压器既起降压的作用又起稳压的作用。 ( )

5. 割炬型号 G01－30 中的“30”表示可以焊接的材料最大厚度为 30 mm。 ( )

6. 为保证工件能够切透，切割氧的压力越大越好。 ( )

7. 切割速度正确与否，可以根据割缝的后拖量来判断。 ( )

8. 随着割件厚度的增加，选择的割嘴号码应增大，使用的氧气压力也相应要增大。 ( )

9. 气割时割嘴向已割方向倾斜，火焰指向已割金属的前方叫割嘴的前倾。 ( )

10. 小于 6 mm 钢板切割时，应采用割嘴前倾的方法。 ( )

11. 由于氧气瓶内气体具有压力，因此气动工具可以用氧气作为气源。 ( )

12. 为了改善通风换气的效果，对局部焊接部位可以使用氧气进行通风换气。 ( )

13. 乙炔气瓶一般应在 40℃以下使用。 ( )

14. 氧气胶管和乙炔胶管为了拆卸方便只要能插上即可，不要连接过紧。 ( )

15. 禁止在带压力或带电的容器、罐、管道、设备上进行焊接和切割作业。 ( )

四、名词解释

1. 减压器

2. 割炬

3. 氧—乙炔焰

五、简答题

1. 解释割炬型号 G01－30 的含义。

2．如何检查射吸式割炬的射吸能力？

3．叙述气体火焰的点燃、调节与熄灭的操作流程，并说明各阀门的开启、关闭的方向。

4．气割过程中应注意哪些安全事项？

课题十四　焊条电弧焊

一、填空题

1．焊接是通过__________或__________，或两者并用，用或不用________，使焊件达到原子结合的一种加工方法。

2．焊条电弧焊引弧的方法一般有____________和____________两种。

3．焊机型号 BX3－300 中的 B 表示__________，X 表示__________，3 表示__________，300 表示__________。

4．焊接接头的四种基本类型是__________、__________、__________和__________。

5．按施焊时焊缝在空间所处的位置不同，可将其分为________、________、________、________四种形式。

6．焊条是由____________和____________组成的。

7．焊条电弧焊的焊接工艺参数有__________、__________、__________、__________、__________、__________等。

8．常用的坡口形式有________、________、________和________。

二、选择题

1．焊条的直径是以（　　）表示的。

A．焊芯直径　　B．焊条外径

C．药皮厚度　　D．焊芯直径和药皮厚度之和

2．要求塑性好、冲击韧度高的焊缝应选用（　　）焊条。

A．酸性　　B．碱性　　C．不锈钢　　D．铸铁

3．碱性焊条的主要优点之一是（　　）。

A．脱渣性好　　B．电弧稳定

C．对弧长无要求　　D．良好的抗裂性

4．碳钢焊条型号是以熔敷金属的力学性能、（　　）、药皮类型和焊接电流种类来划分的。

A．化学成分　　B．焊接位置　　C．扩散氢含量　　D．抗裂性能

5．焊条型号中，“焊条”用字母（　　）表示。

A．J　　B．H　　C．A　　D．E

6．焊条烘干的目的主要是（　　）。

A．保证焊缝金属的抗拉强度　　B．去除药皮中的水分

C．降低药皮中的含氧量　　D．改善脱渣性能

7．碱性焊条的烘干温度通常为（　　）℃。

A. 75～150　　B. 250～300　　C. 350～400　　D. 450～500

8. 酸性焊条的烘干温度通常为（　　）℃。

A. 75～150　　B. 250～300　　C. 350～400　　D. 450～500

9. 受力状况好、应力集中较小的接头是（　　）。

A. 搭接接头　　B. T形接头　　C. 角接接头　　D. 对接接头

10. 对于承受动载荷的接头不宜采用（　　）。

A. 对接接头　　B. T形接头　　C. 搭接接头　　D. 角接接头

11. 焊接接头根部预留间隙的作用在于（　　）。

A. 防止烧穿　　B. 保证焊透　　C. 减小应力　　D. 提高效率

12. 在坡口中留钝边的作用在于（　　）。

A. 防止烧穿　　B. 保证焊透　　C. 减小应力　　D. 提高效率

13. 表示弧焊变压器的代号为（　　）。

A. A　　B. B　　C. Z　　D. X

14. 表示弧焊整流器的代号为（　　）。

A. A　　B. B　　C. Z　　D. X

15. 表示弧焊电源为下降外特性的代号为（　　）。

A. X　　B. P　　C. D　　D. G

三、判断题

1. 焊条电弧焊中使用的涂有药皮的熔化电极称为焊条。（　　）

2. 焊条直径实际上是指焊芯的直径。（　　）

3. 焊条直径不同但焊条长度是一样的。（　　）

4. 碱性焊条的工艺性能差，对油、锈及水分很敏感，因此不能用于重要结构的焊接。（　　）

5. 碱性焊条抗气孔的能力比酸性焊条强。（　　）

6. 酸性焊条抗裂纹的能力比碱性焊条差。（　　）

7. 酸性焊条药皮的氧化性较强，所以不适宜焊接合金元素较多的材料。（　　）

8. 碳钢焊条型号是以熔敷金属的力学性能、焊接位置、药皮类型和焊接电流种类来划分的。（　　）

9. “E5015”是碳钢焊条型号完整的表示方法，其中“50”表示熔敷金属的屈服点为500 MPa。（　　）

10. 焊条型号E4303对应的焊条牌号为J422。（　　）

11. “J422”是结构钢焊条牌号完整的表示方法，其中“42”表示熔敷金属的抗拉强度最大值为420 MPa。（　　）

12. 碳钢焊条一般按焊缝与母材等强度的原则来选用。（　　）

13. 当接头坡口表面铁锈等难以清理干净时，应选用抗裂性能好的碱性焊条。（　　）

14. 保管焊条的库房要保持一定湿度，要求相对湿度应在60%以下。（　　）

15. 烘干焊条时，焊条应铺成层状，ϕ4 mm焊条不超过5层。（　　）

16. 储存焊条必须垫高，与地面和墙壁的距离均应大于0.3 m。（　　）

17. 所有的焊接接头中，对接接头应用最为广泛。 (　　)
18. T形接头能承受各种方向的力和力矩，所以应用最为广泛。 (　　)
19. 对于V形坡口，坡口面角度总是等于坡口角度。 (　　)
20. 开坡口的目的主要是保证焊件在厚度方向上全部焊透。 (　　)
21. 低碳钢可采用冷加工方法，也可采用热加工方法制备坡口。 (　　)
22. 清除坡口表面的铁、锈、油污、水分的目的是提高焊缝金属强度。 (　　)
23. 空载电压高则引弧容易，因此弧焊电源的空载电压越高越好。 (　　)
24. 焊机空载时，由于输出端没有电流，所以不消耗电能。 (　　)
25. 弧焊变压器的最高空载电压比弧焊整流器高。 (　　)

四、名词解释

1. 焊接

2. 焊条电弧焊

3. 药皮

4. 极性

五、简答题

1. 简述酸性焊条和碱性焊条的使用特点。

2. 试述焊件开坡口和留有根部间隙的作用。

课题十五　CO_2气体保护焊

一、填空题

1．CO_2焊时必须使用__________电源，且多采用____________。

2．CO_2焊的焊丝伸出长度通常取决于__________。

3．CO_2焊的焊接工艺参数有___________、___________、___________、___________、___________、___________、___________等。

4．CO_2焊的焊丝直径根据___________、___________及___________来选择。

5．CO_2焊的焊接电流根据___________、___________、___________及___________来选择。

6．CO_2焊的电弧电压根据______________和______________来选择。

7．CO_2焊时，主要采用__________向焊法。

二、选择题

1．CO_2气瓶的外表涂成（　　）。

A．白色　　B．银灰色　　C．天蓝色　　D．铝白色

2．焊接用的CO_2气体一般纯度要求不低于（　　）。

A．98.5%　　B．99.5%　　C．99.95%　　D．99.99%

3．为了防止焊缝产生气孔，要求CO_2气瓶内的压力不低于（　　）MPa。

A．0.098　　B．0.98　　C．4.8　　D．9.8

4．常用的牌号为H08Mn2SiA焊丝中的“08”表示（　　）。

A．含碳量为0.08%　　B．含碳量为0.8%

C．含碳量为8%　　D．含锰量为0.08%

5．常用的牌号为H08Mn2SiA焊丝中的“Mn2”表示（　　）。

A．含锰量为0.02%　　B．含锰量为0.2%

C．含锰量为2%　　D．含锰量为20%

6．细丝CO_2焊时，熔滴过渡形式一般都是（　　）。

A．短路过渡　　B．细颗粒过渡　　C．粗滴过渡　　D．喷射过渡

7．CO_2焊的CO_2气体具有氧化性，可以抑制（　　）气孔的产生。

A．CO　　B．H_2　　C．N_2　　D．NO

8．CO_2焊的焊丝伸出长度通常取决于（　　）。

A．焊丝直径　　B．焊接电流　　C．电弧电压　　D．焊接速度

9．CO_2焊用的CO_2气瓶采用电热预热器时，电压应低于（　　）V。

A．60　　B．36　　C．12　　D．6

三、判断题

1. CO_2焊接电源有直流电源和交流电源两种。（　　）
2. CO_2气体保护焊的送丝机有推丝式、拉丝式、推拉丝式三种形式。（　　）
3. 由于细丝CO_2焊的工艺比较成熟，因此应用比粗丝CO_2焊广泛。（　　）
4. CO_2焊用于焊接低碳钢和低合金高强度钢时，主要采用硅锰联合脱氧的方法。（　　）
5. 细丝CO_2焊时，熔滴过渡形式一般都是喷射过渡。（　　）
6. 粗丝CO_2焊时，熔滴过渡形式往往都是短路过渡。（　　）
7. CO_2焊时，只要焊丝选择恰当，产生CO_2气孔的可能性很小。（　　）
8. 飞溅是CO_2焊的主要缺点。（　　）
9. CO_2焊采用直流反接时，极点压力大，易造成大颗粒飞溅。（　　）
10. CO_2焊的焊接电流增大时，熔深、熔宽和余高都有相应增加。（　　）
11. CO_2焊时必须使用直流电源。（　　）
12. CO_2焊时会产生CO有毒气体。（　　）
13. CO_2焊的金属飞溅引起火灾的危险性比其他焊接方法大。（　　）
14. CO_2焊结束后，必须切断电源和气源，检查现场，确保无火种方能离开。（　　）

四、名词解释

1. CO_2气体保护焊

2. 电弧电压

五、简答题

1. 半自动CO_2气体保护焊机主要由哪些部分组成?

2. CO_2气体保护焊的供气系统由哪些部分组成?

课题十六　铆　　接

一、填空题

1. 铆接是利用________把两个或两个以上的__________连接成为一个________的加工方式。

2. 铆接按使用要求不同可分为__________、__________。

3. 固定铆接按用途和要求不同有________、____________、____________三种。

4. 铆钉是铆接结构的__________件，常用铆钉由________和__________两部分组成。

5. 常用的铆接工具有________、__________、_________、__________。

6. 半圆头铆钉长度确定公式为________________________，沉头铆钉长度确定公式为__________________________。

二、选择题

1. 以下选项中（　　）不是铆接的形式。

A. 对接　　B. 搭接　　C. T 接　　D. 角接

2. 固定铆接按用途和要求不同进行分类，以下不属于此分类方法的是（　　）。

A. 强固铆接　　B. 紧密铆接　　C. 强密铆接　　D. 活动铆接

3. 被连接件的总厚度不应超过铆钉直径的（　　）倍。

A. 3　　B. 4　　C. 5　　D. 6

4. 冷铆时，钉杆不易镦粗，为保证连接强度，钉孔直径应与钉杆直径接近，一般按铆钉直径再增加（　　）mm 来计算。

A. 0.1　　B. 0.2　　C. 0.3　　D. 0.4

三、判断题

1. 铆接后构件的应力和变形都比焊接小。（　　）

2. 一般直径小于 20 mm 的钢制铆钉均可采用冷铆的方法。（　　）

3. 一般直径大于 8 mm 的钢制铆钉常采用热铆的方法。（　　）

4. 搭接是将两块钢板的接头置于同一平面，用盖板作连接件，把接头铆接在一起。（　　）

四、名词解释

1. 铆接

2. 冷铆

五、简答题

1. 说明下列标识含义。

铆钉　　5 ×20 GB/T 867—1986

2. 说明半圆头铆钉冷铆过程。

3. 用半圆头铆钉冷铆搭接 5 mm 厚的两块钢板时，应如何选择铆钉直径、长度及铆钉孔径？

4. 沉头铆钉长度应如何确定？

5. 简述截断圆钢作为沉头铆钉的铆接过程。

综合试卷一

一、填空题（15 分）

1. 划线是根据图样和技术要求，在______________或__________上用划线工具划出______，或划出作为基准的________、________的操作过程。

2. 划线是机械加工中的重要工序之一，广泛用于______或______。

3. 台虎钳是用来夹持工件的__________夹具，其规格用钳口宽度来表示，常用规格有______、______和______等。

4. 錾削时，前角________，切削省力，切削变形________。

5. 锉刀由________和________两部分组成。

6. 手锯由______和________组成。锯条的长度以________________来表示。

7. 锯路的作用是减少______________的摩擦，使锯条在锯削时不被______夹住或折断。

8. 用钻头在___________上加工出孔的操作称为_________加工。钻孔只能加工要求________的孔或作为孔的______加工。

9. 扩孔的特点是切削深度较钻孔时大大________，切削阻力______，______易排出。

10. 当材料厚度不变时，弯形______，______越小，中性层位置越______材料厚度的__________。

二、选择题（10 分）

1. 应从（　　）开始划线。

   A. 工件中间　　B. 工件边缘　　C. 划线基准

2. 正确握錾的方法应该是用左手（　　）握住，小指自然合拢。

   A. 食指和拇指　　B. 中指和食指　　C. 中指和无名指

3. 平锉、方锉、半圆锉和三角锉属（　　）锉刀。

   A. 异形　　B. 什锦锉　　C. 普通

4. 千分尺用后应擦净，并将测量面（　　）防锈，应定期送计量部门进行精度鉴定。

   A. 涂水　　B. 涂油　　C. 不涂油

5. 麻花钻后角磨得偏大时，横刃斜角减小，横刃长度（　　）。

   A. 增大　　B. 减小　　C. 不变

6. 攻螺纹时，为了减小切削力和延长丝锥的使用寿命，一般将整个切削工作量分配给（　　）丝锥承担。

   A. 一支　　B. 两支　　C. 几支

7. 抽条是采用条状（　　）弯成的简易手工工具。

   A. 厚板料　　B. 薄板料　　C. 薄板料或厚板料

8. 工件弯形后，只有（　　）长度不变。

A. 内性层　　B. 外性层　　C. 中性层

9. 氧气瓶涂成（　　）色。

A. 灰　　B. 白　　C. 蓝　　D. 黑

10. 焊条的直径是以（　　）来表示的。

A. 焊芯直径　　B. 焊条外径

C. 药皮厚度　　D. 焊芯直径和药皮厚度之和

三、判断题（15 分）

1. 划线平台（又称划线平板）是由硬质合金毛坯经精刨或刮削制成的。（　　）
2. 氧化铝砂轮适用于刃磨高速钢刀具和硬质合金的刀柄部分。（　　）
3. 锯齿粗细以锯条每 35 mm 长度内的锯齿数来表示。（　　）
4. 切削刃上任一点的基面是通过该点，而又与该点切削速度方向平行的平面。（　　）
5. 扩孔是用锪钻对孔口表面加工出一定形状的方法。（　　）
6. 锪孔的目的是使与孔连接的零件位置正确，连接可靠。（　　）
7. 用高速钢铰刀铰钢件时，$v=4\sim8$ m/min；铰铸铁件时，$v=6\sim8$ m/min；铰铜件时，$v=8\sim12$ m/min。（　　）
8. 机用丝锥一般用于车床的攻螺纹，二次攻制成形。它的结构与手用丝锥相似，只是在柄部多一条环形槽。（　　）
9. 扭转法用来矫正各种弯曲的棒料或在宽度方向上变形的条料。（　　）
10. 中性层的实际位置与材料的弯形直径和材料厚度有关。（　　）
11. 乙炔是一种碳氢化合物，比空气重。（　　）
12. 减压器既起降压的作用又起稳压的作用。（　　）
13. 碱性焊条的工艺性能差，对油、锈及水分很敏感，因此不能用于重要结构的焊接。（　　）
14. CO_2焊采用直流反接时，极点压力大，易造成大颗粒飞溅。（　　）
15. 一般直径大于 8 mm 的钢制铆钉，常采用热铆的方法。（　　）

四、名词解释（10 分）

1. 划线

2. 钻孔

3．切削深度

4．减压器

5．药皮

五、简答题（10 分）

1．为什么铰削余量不宜太大或太小？

2．半自动 CO_2气体保护焊机主要由哪些部分组成？

六、计算题（每题 20 分）

1．用计算法求螺纹底孔直径（精确到小数点后一位）。

（1）在钢件上攻螺纹：M16，M12×1。

（2）在铸铁件上攻螺纹：M16，M12×1。

2. 计算下图所示工件的展开长度。

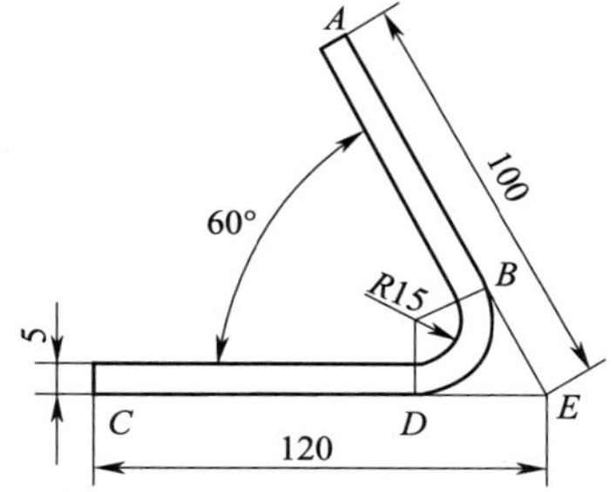

综合试卷二

一、填空题（15 分）

1．锉削速度一般控制在______以内，推出时的速度______，回程时的速度______，且动作要协调自如。

2．锯条制造时，将全部锯齿按一定规律______错开，并排成一定的形状，称为锯路。

3．麻花钻的切削部分由两条______刃、一条______刃、两条______刃、两个______面、两个________面和两个________面组成。

4．锪孔的目的是保证孔________与孔________的________度，以使与孔连接的零件________、连接________。

5．手用铰刀的齿距在圆周上是不均匀分布的，这样可防止__________重叠、产生__________。

6．矫正可在________上进行，也可________进行。按矫正时被矫正工件的温度分类，可分为________和________两种。

7．当材料厚度不变时，弯形____________，变形__________，中性层位置越接近材料厚度的__________。

8．减压阀的作用有____________和____________。

9．CO_2焊时必须使用__________电源，且多采用__________。

10．铆接是利用________把两个或两个以上的__________连接成为一个__________的加工方式。

二、选择题（10 分）

1．以锉刀每（　　）mm 轴向长度内的主锉纹条数来表示锉齿的粗细规格。

A．10　　B．15　　C．20

2．切削深度是指已加工表面与待加工表面之间的（　　）距离。

A．平行　　B．垂直　　C．相交

3．钻孔直径大于（　　）mm 时，必须将平口钳用螺栓、压板固定。

A．4　　B．6　　C．8

4．锪孔时，进给量为钻孔的（　　）倍。

A．1～2　　B．2～3　　C．3～4

5．手用铰刀的切削部分（　　），这样定心作用好，铰削时轴向力较小。

A．较长　　B．较短　　C．较长或较短

6．螺旋压力工具（或压板）适用于矫正较大的（　　）。

A．轴类工件　　B．棒料　　C．轴类工件或棒料

7. 较窄的板料可在 V 形架或特制的弯形模上用（　　）弯形。

A. 扭转法　　B. 锤击法　　C. 伸张法

8. 瓶阀冻结时可用（　　）℃热水解冻，严禁火烤。

A. 100　　B. 80　　C. 40　　D. 20

9. 焊条的直径是以（　　）来表示的。

A. 焊芯直径　　B. 焊条外径

C. 药皮厚度　　D. 焊芯直径和药皮厚度之和

10. 常用的牌号为 H08Mn2SiA 焊丝中的“Mn2”表示（　　）。

A. 含锰量为 0.02%　　B. 含锰量为 0.2%

C. 含锰量为 2%　　D. 含锰量为 20%

三、判断题（15 分）

1. 万能角度尺除可测量角度、锥度外，还可以作为划线工具划角度线。（　　）

2. 尖錾主要用来錾削平面，去毛刺、凸缘和分割板材等。（　　）

3. 锯条一般由碳素工具钢冷轧制成，经热处理淬硬后才能使用。（　　）

4. 千分尺的测量面应保持干净，使用前应校对零位。（　　）

5. 切削深度的选择：直径小于 30 mm 的孔一次钻出；直径为 30 mm 以上的孔可分两次钻削。（　　）

6. 扩孔的特点是切削深度较钻孔时大大减小，切削阻力小，切屑易排出。（　　）

7. 铰尺寸较小的圆锥孔，可先按大端直径并留取圆柱孔精铰余量钻出圆柱孔，然后用锥铰刀铰削即可。（　　）

8. 攻螺纹时，为了减小切削力和延长丝锥的使用寿命，一般将整个切削工作量分配给两支丝锥承担。（　　）

9. 消除材料或工件的弯曲、扭曲、凸凹不平的操作叫作矫正。（　　）

10. 弯形是塑性变形，但也有弹性变形，为抵消材料的塑性变形，变形过程中应过弯一些。（　　）

11. 氧气胶管和乙炔胶管为了拆卸方便只要能插上即可，不要连接过紧。（　　）

12. 禁止在带压力或带电的容器、罐、管道、设备上进行焊接和切割作业。（　　）

13. “J422”是结构钢焊条牌号完整的表示方法，其中“42”表示熔敷金属的抗拉强度最大值为 420 MPa。（　　）

14. CO_2焊用于焊接低碳钢和低合金高强度钢时，主要采用硅锰联合脱氧的方法。（　　）

15. 搭接是将两块钢板的接头置于同一平面，用盖板作连接件，把接头铆接在一起。（　　）

四、名词解释（10 分）

1. 划线基准

2．横刃斜角ψ

3．锪孔

4．氧—乙炔焰

5．焊条电弧焊

五、简答题（10 分）

1．手电钻的规格有哪些？

2．简述酸性焊条和碱性焊条的使用特点。

六、计算题（每题 20 分）

1. 在钻床上钻 ϕ20 mm 的孔，根据切削条件确定切削速度为 20 m/min，求钻削时应选择的转速。

2. 计算下图所示工件的展开长度。

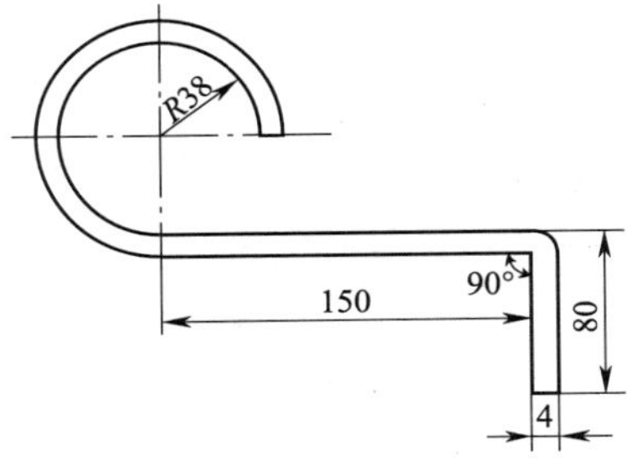